I0101413

DÉPOT LÉGAL
Gironde
N° 45
1886

RAPPORT

AU PRÉSIDENT DE LA RÉPUBLIQUE FRANÇAISE

Paris, le 28 décembre 1885.

MONSIEUR LE PRÉSIDENT,

J'ai l'honneur de vous soumettre un projet de décret sur l'organisation des Facultés et des Écoles d'enseignement supérieur, qui vient d'être approuvé par le Conseil supérieur de l'instruction publique.

Dans ma pensée et dans celle du Conseil, ce projet, qui fait suite aux décrets du 25 juillet dernier sur la personnalité civile des Facultés, est de nature à répondre, en ce qu'ils ont d'immédiatement réalisable et de compatible avec nos lois et avec les droits de l'État, aux vœux exprimés par les Facultés lors de l'enquête ordonnée en 1883 par un de mes prédécesseurs sur l'organisation de l'enseignement supérieur.

Presque toutes les Facultés, frappées des inconvénients de plus d'une sorte qui résultent pour elles et pour l'enseignement, de l'isolement où elles ont vécu jusqu'ici, ont demandé à être groupées en Universités analogues à celles des autres pays de l'Europe. Je n'ai pas cru que le moment fût venu de réaliser une telle réforme. Plusieurs raisons m'ont paru s'y opposer. La première, c'est que, en France, le mot d'Université sert, depuis trois quarts de siècle, à désigner l'ensemble de nos institutions d'enseignement public.

Constituer des Universités dans l'Université, avant que l'opinion se soit faite à cette idée, pourrait paraître une atteinte à l'unité de l'enseignement national. En second lieu, une telle création serait, à bien des égards, prématurée. Des Universités ne se feront pas sans que l'État se dépouille à leur profit de quelques-unes de ses attributions. Doit-on courir le risque d'une entreprise sur laquelle il serait difficile de revenir en cas d'insuccès, avant qu'une expérience décisive ait prouvé que les Facultés possèdent vraiment les qualités multiples sans lesquelles cette vie commune qu'elles réclament serait factice et illusoire? Je ne l'ai pas pensé, et le Conseil supérieur a partagé ce sentiment. Mais j'ai cru que, sans rien hasarder ni compromettre, il était possible de fournir aux Facultés d'une même académie les moyens de faire l'expérience de la vie commune et de contracter des habitudes de coordination et de solidarité.

A cet effet, je vous propose de conférer au Conseil général des Facultés institué par le décret du 25 juillet dernier, au chef-lieu de chaque académie, toutes les attributions d'ordre pédagogique, d'ordre financier, d'ordre administratif et d'ordre disciplinaire, compatibles à la fois avec les lois existantes et avec l'individualité de chaque Faculté prise à part. De la sorte, le Conseil général des Facultés sera vraiment l'organe commun des Facultés d'un même centre académique et l'analogue du sénat académique des Universités étrangères.

En même temps, en vue d'assurer le développement de la vie propre de chaque Faculté, je propose d'instituer dans chacune d'elles un Conseil, composé des professeurs titulaires, qui aurait toutes les attritions de la personne morale, et une Assemblée comprenant tous les docteurs chargés d'un enseignement ciel, laquelle délibèrerait sur toutes les questions qui se rapportent à l'enseignement.

Le titre IV du projet est relatif aux doyens. Les attributions des doyens, qui sont à la fois les présentants des intérêts de leurs Facultés respectives et, pour certaines parties de leurs fonctions, représentants du Ministre de l'Instruction publique, y sont complètement déterminées. Leur nomition a lieu, sur une double liste de présentation, par le Ministre, dont l'autorité se trouve ainsi sauve-rdée.

Le titre V est intitulé « les professeurs ». Il contient plusieurs réformes importantes : la suppression s suppléances, le règlement des congés, un règlement pour les retraites, un autre sur les moyens de urvoir aux besoins de l'enseignement en cas d'absence des professeurs titulaires, enfin la création des ofesseurs adjoints.

Toutes ces mesures sont inspirées d'une même pensée : développer dans les Facultés, avec la liberté, sprit d'initiative et de solidarité. Il dépendra des Facultés, par l'usage qu'elles feront de cette première ncession, de démontrer l'utilité d'une réforme plus complète.

Tel qu'il est, le projet n'en constitue pas moins un progrès important et me paraît mériter votre ute approbation.

Je vous prie d'agréer, Monsieur le Président, l'hommage de mon profond respect.

Le Ministre de l'Instruction publique, des Beaux-Arts et des Cultes,

RENÉ GOBLET.

Paris, le 31 décembre 1885.

E PRÉSIDENT DE LA RÉPUBLIQUE FRANÇAISE,

ur le rapport du Ministre de l'Instruction publique, des ux-Arts et des Cultes;
u le décret du 17 mars 1808;
u la loi du 15 mars 1850;
u le décret du 9 mars 1852;
u la loi du 14 juin et les décrets du 22 août 1854;
u le décret du 11 décembre 1869;
u l'arrêté du 3 août 1879;
u la loi du 27 février 1880;
u le décret du 12 février 1881;
u les décrets des 24 et 30 juillet 1883;
u les décrets du 25 juillet 1885;
e Conseil supérieur de l'instruction publique entendu,

DÉCRÈTE :

TITRE Ier

Du Conseil général des Facultés.

ART. 1er. — Le Conseil général des Facultés, institué par le rêt du 25 juillet 1885 au chef-lieu de chaque académie, nprend :
e recteur président;
es doyens des Facultés, le directeur de l'École supérieure de rmacie, le directeur de l'École de plein exercice ou prépa-oire de médecine et de pharmacie du département où siège adémie;
eux délégués de chaque Faculté élus pour trois ans par semblée de la Faculté parmi les professeurs titulaires;

MONSIEUR LE RECTEUR,

J'ai l'honneur de vous adresser, pour votre administration et pour les Facultés de votre ressort, un certain nombre d'exemplaires du décret du 28 décembre 1885, sur l'organisation des Facultés et des Écoles d'enseignement supérieur. L'esprit et les motifs des mesures prescrites par ce décret sont suffisamment indiqués dans le rapport qui le précède et dans les deux documents qui le suivent, pour qu'il soit inutile d'y revenir ici. Cette circulaire a pour objet les éclaircissements, les commentaires et les instructions de détail qui peuvent être nécessaires pour l'application des principaux articles du décret.

ART. 1er. — Cet article règle la composition du Conseil général des Facultés. Nul doute n'est possible sur la désignation des établissements qui concourent à former ce conseil : ce sont d'abord toutes les Facultés du ressort, qu'elles soient au chef-lieu de l'académie, ou qu'elles soient hors du chef-lieu, comme c'est le cas pour la Faculté de théologie protestante de Montauban, la Faculté mixe de médecine et de pharmacie de Lille, la Faculté des sciences de la même ville et la Faculté des sciences de Marseille; ce sont ensuite les Écoles supérieures de pharmacie, puis les Écoles de plein exercice et préparatoires de

Un délégué de l'École supérieure de pharmacie ou un délégué de l'École de plein exercice ou préparatoire de médecine et de pharmacie, élus dans les mêmes conditions.

médecine et de pharmacie, à la condition qu'elles soient dans département où siège l'Académie. Ainsi l'École de médeci de Marseille entre dans la composition du conseil général d Facultés de l'Académie d'Aix.

Nul doute non plus sur la représentation de chacun de c établissements au Conseil général : elle comprendra, avec l doyens et les directeurs, deux délégués de chaque Faculté et ι délégué de chaque École, élus par l'assemblée de chaque établi sement parmi les professeurs titulaires et parmi les professeu adjoints, lesquels sont assimilés aux professeurs titulaires « vertu de l'article 40.

Vous trouverez plus loin, à l'article 19, un certain nomb d'observations sur la composition de l'Assemblée de la Facult

Il importe que les Conseils généraux soient constitués c plus tôt. Vous voudrez bien vous entendre à cet effet av MM. les doyens et directeurs et fixer d'accord avec eux la da des élections. Elles ne sauraient avoir lieu avant que l membres de chaque assemblée aient pu se rendre compte d dispositions de la nouvelle organisation et se concerter ent eux. J'espère cependant que ces convenances, que je cro devoir vous signaler et dont vous serez certainement le premi à apprécier la valeur, n'exigeront pas que les élections aie lieu à une date plus reculée que le 1er février. Aussitôt qu'ell seront faites, vous aurez soin d'en porter les résultats à m connaissance.

Vous êtes, Monsieur le Recteur, le président du Conseil gén ral des Facultés. Je ne saurais trop vous engager à le présid toutes les fois que vous ne serez pas empêché. Vous n'y ser pas seulement le représentant de l'État, le gardien des lois règlements; mais, placé par votre situation en dehors et a dessus des compétitions de personnes et des rivalités de corp vous y exercerez, j'en ai la confiance, l'influence la plus sal taire pour le développement de cette vie commune à laquel nous appelons les Facultés.

Art. 2. — L'élection des délégués a lieu au scrutin secret, à la majorité absolue des suffrages exprimés. Si les deux premiers tours de scrutin ne donnent pas de résultat, la majorité relative suffit au troisième.

En cas de partage des voix au troisième tour, est élu le professeur le plus ancien dans la Faculté.

Toute contestation relative aux élections est portée devant le Conseil, qui en juge sans appel.

Art. 2. — Cet article se borne à prescrire que l'élection d délégués aura lieu au scrutin secret et à la majorité absolue d suffrages exprimés. Si les deux premiers tours de scrutin ne donnent pas de résultat, la majorité relative suffit au troisièm En cas de partage des voix au premier tour, il doit être procé à un nouveau tour; de même au second tour; c'est seuleme en cas de partage au troisième tour que l'élection serait acqui au professeur le plus ancien. Conformément à une jurisprudem habituelle, l'ancienneté, dans ce cas, serait déterminée par date de la nomination comme titulaire ou comme adjoint. Si l deux candidats en présence avaient été nommés à la même da serait élu le plus âgé des deux.

L'article 2 est muet sur un certain nombre de formali relatives à l'élection. Plus tard, les Conseils généraux pourro les fixer eux-mêmes; pour cette fois il est indispensable poser quelques règles précises; les règlements relatifs aux éle tions au Conseil supérieur et aux Conseils académiques fourr ront les plus importantes.

La liste des électeurs de chaque établissement sera dress en double par le doyen ou directeur. Elle ne vous sera pas so mise, le Conseil général étant seul juge des contestatio relatives aux élections par lesquelles il doit être constit L'heure et la durée du scrutin seront fixées par vous, de conc avec les doyens et directeurs. Les opérations de vote seront p sidées par le doyen ou directeur, assisté de l'électeur le plus â et de l'électeur le plus jeune; en cas d'absence, le doyen ou directeur serait remplacé par le titulaire le plus ancien. Chaque bulletin de vote sera renfermé dans une enveloppe cachetée, sans signes extérieurs; en remettant son bulletin, chaque électeur émargera les deux listes dressées au préalable par le doyen ou directeur. L'une de ces listes demeurera dans les archives de la Faculté ou École; l'autre sera transmise au Conseil général. Le scrutin sera dépouillé et le résultat proclamé, immédiatement après la clôture, en présence au moins de trois électeurs. Le procès-verbal des opérations et du dépouillement du scrutin sera dressé, séance tenante, en double expédition, l'une destinée aux archives de l'établissement, l'autre au Conseil général. Il sera signé du président et de ses deux assistants. Dans le cas où un nouveau tour de scrutin serait nécessaire, il y serait procédé le même jour.

L'exemplaire du procès-verbal destiné au Conseil général vous sera immédiatement transmis, par le doyen ou directeur, sous pli cacheté, avec la liste d'émargement.

Toute contestation relative aux élections doit être portée devant le Conseil, qui en juge sans appel. Le protestations pourront être mentionnées au procès-verbal du scrutin, et vous être adressées pendant les trois jours qui suivront le vote. Elles devront être signées par leurs auteurs. Ce délai écoulé, vous convoquerez le Conseil et le constituerez.

Art. 3. — Le Conseil se réunit sur la convocation du présent.

Le président est tenu de le convoquer sur la demande écrite du tiers des membres. La demande doit énoncer l'objet de la réunion.

Le Conseil élit chaque année un vice-président parmi ses membres; il nomme un secrétaire; il fait son règlement intérieur.

Art. 3. — Aux termes de cet article, le Conseil général se réunit sur la convocation du président. Vous êtes tenu de le convoquer sur la demande écrite et motivée du tiers des membres.

Le vice-président est élu par le Conseil général; ses pouvoirs sont annuels; ils peuvent être renouvelés.

Le Conseil nomme son secrétaire; il peut confier ces fonctions soit à l'un de ses membres, soit au secrétaire de l'Académie, soit au secrétaire de l'une des Facultés. — Il fait son règlement intérieur dans la plénitude de son indépendance. Quand ce règlement aura été arrêté, vous voudrez bien m'en adresser un exemplaire.

Art. 4. — Les doyens et directeurs sont chargés, sous l'autorité du recteur, d'assurer, chacun en ce qui concerne sa Faculté ou École, les décisions du conseil.

Toute décision du Conseil contraire aux lois et règlements est déférée immédiatement par le recteur au Ministre de l'instruction publique. L'exécution en est suspendue jusqu'à ce que le ministre ait statué.

Art. 5. — Tout membre du Conseil a le droit d'émettre des vœux sur les questions relatives à l'enseignement supérieur. Les vœux sont remis en séance, par écrit, au président; il en est donné lecture, et, dans la séance suivante, le Conseil décide s'il y a lieu de délibérer.

Art. 6. — En matière d'enseignement, le Conseil général a pour fonction de veiller au maintien des règlements d'étude et d'établir, entre les cours et exercices des différentes Facultés et Écoles, la coordination nécessaire au bien des études et aux intérêts des étudiants.

À cet effet, il vise les programmes des cours et conférences de chaque établissement et s'assure qu'ils contiennent les matières exigées pour les examens; il arrête et publie, avant le 1er août, le tableau général des cours des divers établissements pour l'année suivante.

Art. 6. — Pour bien comprendre le sens de cet article, il faut le rapprocher du deuxième paragraphe de l'article 19. Aux termes de ce dernier article, dans chaque Faculté ou École, les programmes des cours et conférences sont arrêtés par l'Assemblée. Le Conseil général n'a donc pas à intervenir dans l'intérieur, en quelque sorte, de chaque programme. Bien des confusions, bien des conflits seraient à redouter, si, par exemple, les représentants du droit voulaient s'ingérer dans les programmes des lettres, et réciproquement. Mais chaque Faculté, bien que maîtresse de son enseignement, n'en est pas moins solidaire des

autres : il y a intérêt, pour les études et pour les étudiants, à
qu'il s'établisse une certaine coordination entre certains cou
des différents établissements du même groupe. C'est cette coo
dination que le Conseil général a pour fonction d'établir. L
résultats de l'enquête me font espérer qu'elle s'établira d'el
même par une entente spontanée entre les divers professeurs
que, le plus souvent, le Conseil général n'aura qu'à l'enregistr
et à la sanctionner.

Les affiches de chaque établissement ne seront plus visées p
le Recteur en tant que recteur, mais par le Recteur en tant qu
président du Conseil général, et après délibération du Conse
Le Conseil doit s'assurer que les programmes de chaque établi
sement contiennent les matières exigées pour les examens. Cet
prescription doit être entendue, cela va sans dire, dans un se
très large, surtout en ce qui concerne les Facultés des scienc
et les Facultés des lettres; il serait impossible, par exempl
qu'une Faculté des lettres enseignât dans une année toutes l
matières portées au programme de la licence.

Le Conseil général doit, en outre, arrêter et publier avant l
1er août le tableau général des cours des divers établissemen
pour l'année suivante. Cette publication n'a vraiment d'utili
que si elle se fait avant les vacances. Il faut, en effet, qu'avan
les vacances, les étudiants puissent savoir quelles ressources il
trouveront dans tel ou tel centre. Dans la période de transfo
mation que nous venons de traverser, beaucoup de nomination
de maîtres de conférences et de chargés de cours n'étaient faite
qu'a la rentrée et même après la rentrée. Les cadres s'étant pe
à peu complétés, il y a tout lieu d'espérer que désormais le
Facultés pourront savoir en juillet, à peu de chose près, qu
sera leur personnel pour l'année suivante. Je prendrai toute
les mesures pour que les nominations renouvelables annuelle
ment soient renouvelées avant cette époque.

La forme sous laquelle se fera la publication du tableau gén
ral des cours n'est pas prescrite ; l'affichage est le meilleur mod
celui qui va droit au public; l'affiche générale pourra ne cont
nir que des indications sommaires; une brochure publié e
même temps et que je vous engage à mettre dans le commerc
contiendra des indications plus complètes, sans toutefois alle
jusqu'au programme détaillé de chacune des leçons des cour

Cette publication ne dispensa pas les Facultés d'afficher, sc
annuellement, soit par semestre, leurs cours et exercices. Ce
affiches particulières seront signées par le doyen ou directeu

ART. 7. — Le Conseil général propose au Ministre les règlements de la bibliothèque universitaire et, s'il y a lieu, les différentes sections de la bibliothèque.

Les bibliothécaires sont nommés par le Ministre.

ART. 7. — La bibliothèque universitaire est au premier ch
un de ces services communs par lesquels doivent se rapproche
et s'unir les Facultés d'un même centre. Le Conseil généra
organe commun des Facultés, en proposera les règlements. C
règlements ne seront exécutoires qu'après avoir reçu mo
approbation. En attendant, l'arrêté du 23 août 1879 demeura e
vigueur. Les différents projets de règlement qui me sero
adressés par le Recteur aussitôt après qu'ils auront été délibér
par les Conseils généraux, seront soumis à la Commission ce
trale des Bibliothèques. Mon intention n'est pas de fondre to
ces projets en un seul : j'espère, au contraire, que les Consei
généraux sauront s'inspirer des circonstances locales pour n
proposer des règlements adaptés à ces circonstances; mais il e
un certain nombre de principes dont je suis décidé à ne pas r
départir. La bibliothèque universitaire, même quand elle a d
sections différentes, est une, sauf certains cas tout à fait exce
tionnels; elle n'est pas moins faite pour les étudiants que po

les professeurs; elle doit être réglementée et administrée exclusivement en vue du progrès des études. Se départir de ces principes, ce serait aller à l'encontre de l'esprit même du décret.

Les Conseils généraux étudieront mûrement, j'en ai la confiance, les projets de règlement qu'ils me soumettront. L'organisation des bibliothèques universitaires s'est faite dans des conditions qui exigeaient une certaine rigueur de réglementation. Maintenant qu'elles existent, qu'elles sont connues des étudiants, et qu'elles sont consacrées par le présent décret à titre de service commun aux différentes Facultés, je suis disposé à modifier, dans le sens le plus libéral, les mesures réglementaires dont il me sera démontré que la rigueur a pu nuire à la facilité et au bien des études.

Art. 8. — Le Conseil général arrête les règlements des cours libres et autorise ces cours après avis de la Faculté ou École intéressée.

Art. 8. — Le Conseil général fera le règlement des cours libres. Ce règlement sera le même pour toutes les Facultés, ou bien il variera d'une Faculté à l'autre, selon que le Conseil en décidera; toute liberté lui est laissée à cet égard. Une seule chose est prescrite par l'article 8, en matière de cours libres : l'autorisation de les ouvrir sera donnée par le Conseil général, après avis de la Faculté ou École intéressée.

Les règlements actuels relatifs aux cours libres cesseront d'être en vigueur au fur et à mesure que les règlements nouveaux auront été arrêtés par les conseils généraux des diverses Académies. Vous ne négligerez pas de me faire parvenir un exemplaire de ces règlements aussitôt qu'ils auront été arrêtés. Vous les publierez dans les journaux du ressort.

Art. 9. — Lorsqu'une chaire devient vacante, le Conseil est appelé à donner son avis, après la Faculté ou École intéressée, sur le maintien, la suppression ou la modification de cette chaire.

Art. 10. — Le Conseil délibère sur les projets de budget présentés par chaque Faculté et École et sur les comptes administratifs des doyens et directeurs, à l'exception des budgets sur fonds de concours.

Le Conseil propose chaque année au Ministre, à la fin de l'année scolaire, la répartition entre les différentes Facultés et Écoles de fonds mis à leur disposition par l'État pour les services communs.

Les services communs comprennent : la bibliothèque universitaire, les collections, l'éclairage et le chauffage, les frais matériels d'examens, l'entretien du mobilier appartenant à l'État.

Il répartit entre les budgets sur fonds de concours de chaque Faculté ou École, les dons, legs et subventions affectés à des services communs.

Art. 10. — Chaque Faculté et École délibère sur son budget (art. 16). Ces différents budgets seront ensuite soumis à l'examen du Conseil général. Cet examen ne supprime pas celui qui doit être fait par le Conseil académique, et qui est prescrit par la loi. Il en sera de même pour les comptes administratifs des doyens et directeurs. Les délibérations des Conseils généraux touchant les budgets et les comptes administratifs n'auront pas à être communiqués aux Conseils académiques.

Il va sans dire que les budgets et les comptes des établissements qui ne sont pas représentés au Conseil général ne devront pas être soumis à ce Conseil. Il en est de même pour les budgets sur fonds de concours de chaque Faculté et École; ce sont là, pour elles, des biens propres sur l'administration et la gestion desquels le Conseil général ne saurait avoir d'avis ni de contrôle.

Une prérogative importante du Conseil général, et de laquelle je suis en droit d'attendre les plus heureux effets, sera de me proposer, à la fin de l'année scolaire, la répartition, entre les différentes Facultés et Écoles représentées au Conseil général, des fonds mis par l'État à leur disposition pour les services communs. Ces services communs sont énumérés au troisième paragraphe de l'article; ce sont : la Bibliothèque universitaire, les collections, l'éclairage et le chauffage et l'entretien du mobilier appartenant à l'État. Chaque année, je vous ferai connaître en bloc quelle somme je puis mettre pour ces services, à la disposition des Facultés de votre ressort, et le Conseil général, s'inspirant des ressources et des besoins variables de chacun de ces services, m'en proposera la répartition. Cette mesure peut avoir, pour le rapprochement et l'union des Facultés, de même que pour le développement des différents services communs, les plus heureuses conséquences si les membres du Conseil général en comprennent bien la nature et la portée et ne reculent pas devant la responsabilité qu'elle leur impose. Que de pertes sont résultées de doubles emplois qu'on eût pu facilement éviter si chaque Faculté n'eût pas été autorisée jusqu'ici à se considérer comme absolument isolée des autres, et quel meilleur usage on eût pu souvent faire d'excédents inutiles s'il avait été possible de les porter sur d'autres services! Désormais, rien n'empêchera, par exemple, que la Bibliothèque universitaire, dont les besoins ne sont jamais satisfaits, profite de ce qu'aurait pu avoir d'excessif la dotation de tel ou tel ordre de collection; il se pourra aussi que l'on crée et que l'on entretienne avec ces ressources des collections de moulages, d'estampages, de gravures, de photographies; on pourra de même, par un aménagement de crédits conforme aux besoins à satisfaire, subvenir à certaines insuffisances dans tel et tel service. Mais tous ces résultats seraient compromis, la pensée maitresse du décret serait altérée si, pour éviter des difficultés inhérentes à l'exercice-même de la liberté, les représentants des Facultés au Conseil général se bornaient à reproduire purement et simplement la répartition des crédits telle que j'ai dû la faire jusqu'ici.

Les mesures prescrites par l'article 10 ne commenceront à être appliquées qu'aux budgets de 1887. Les budgets pour 1886 ont dû m'être soumis avant la promulgation du décret du 28 décembre; ils sont aujourd'hui arrêtés.

Les articles 11, 12 et 13 sont relatifs aux pouvoirs disciplinaires du Conseil général. Les attributions disciplinaires que les décrets des 30 juillet 1883 et 28 juillet 1885 avaient conférées aux Facultés et Écoles sont transférées au Conseil général. Le Conseil général n'a à connaître d'aucun délit dont les Facultés n'eussent auparavant à connaître; les pénalités qu'il applique sont celles dont les Facultés pouvaient déjà disposer; la procédure aussi reste la même, avec ces différences seulement que le recteur est substitué au doyen ou directeur pour l'exercice de l'action disciplinaire et pour l'information.

C'est vous qui saisissez le Conseil général; c'est vous qui procédez à l'information, avec faculté de vous faire remplacer par un des membres du Conseil général. Les doyens sont tenus, en vertu de l'article 26, de porter sans délai à votre connaissance les fautes commises dans la Faculté.

Rien n'est changé en ce qui concerne les attributions disciplinaires du Conseil académique.

Les établissements qui ne sont pas représentés au Conseil général conservent juridiction sur leurs étudiants, conformément aux prescriptions des décrets des 30 juillet 1883 et 28 juillet 1885 (article 13).

ART. 11. — Le Conseil exerce, en ce qui concerne les étudiants des Facultés et Écoles d'enseignement supérieur de l'État, les attributions disciplinaires conférées aux Facultés par les décrets des 30 juillet 1883 et 28 juillet 1885.

ART. 12. — Les dispositions du décret du 30 juillet 1883 relatives aux pénalités et à la procédure dans les affaires justiciables des Facultés deviennent applicables au Conseil général.

Toutefois le recteur est substitué au doyen ou directeur quant à l'exercice de l'action disciplinaire et à l'information.

Il saisit le Conseil; il peut déléguer un de ses membres pour procéder à l'information.

ART. 13. — Toutes les dispositions des décrets des 30 juillet 1883 et 28 juillet 1885 demeurent applicables aux établissements qui ne sont pas représentés au Conseil général.

ART. 14. — Le Conseil général adresse chaque année au Ministre un rapport sur la situation des établissements d'enseignement supérieur et les améliorations qui peuvent y être introduites.

ART. 15. — Le Conseil général prend place en tête du corps académique dans les cérémonies publiques. Le vice-président prend la droite du recteur.

TITRE II

Du Conseil de la Faculté.

ART. 16. — Le Conseil de la Faculté se compose des professeurs titulaires.

Il délibère sur l'acceptation des dons et legs faits en faveur de la Faculté;

Sur l'emploi des revenus et produits des dons et legs et des subventions des départements, des communes et des particuliers,

ART. 16. — Le Conseil de la Faculté comprend les titulaires en exercice et en congé, et les adjoints assimilés aux titulaires. Ses attributions sont clairement déterminées par le texte de l'article. Je crois seulement devoir faire observer que la liste des candidats présentée par le Conseil pour une chaire vacante doit comprendre deux candidats au moins, et que, conformément à la

Sur le budget ordinaire de la Faculté;

Sur les comptes administratifs du doyen;

Sur l'exercice des actions en justice et sur toutes les questions qui lui sont renvoyées soit par le Ministre, soit par le Conseil général des Facultés.

Il donne son avis sur les déclarations de vacance des chaires.

Il présente une liste de candidats pour chaque chaire vacante, conformément aux lois et règlements.

Il fait les règlements destinés à assurer l'assiduité des étudiants; il règle les conditions et les époques des concours entre les étudiants de la Faculté.

Il statue, soit par lui-même, soit par une Commission qu'il nomme à cet effet, sur les affaires de scolarité qui, d'après les règlements actuellement en vigueur, doivent être soumises au recteur.

jurisprudence de la section permanente du Conseil supérieur, deux candidats ne peuvent être présentés *ex æquo*. A la liste de présentation devront être annexés, comme par le passé, le procès-verbal de la délibération et les rapports présentés à la Faculté sur les titres des candidats.

Le Conseil de la Faculté règle les conditions et les époques des concours entre les étudiants de la Faculté. Il s'agit uniquement des concours propres à la Faculté. Le concours général entre les étudiants en droit demeure soumis aux règlements en vigueur.

Le Conseil statue, soit par lui-même, soit par une commission qu'il nomme à cet effet, sur les questions de scolarité qui, d'après les règlements actuellement en vigueur, doivent être soumises au Recteur. Ces questions sont énumérées à l'article 2 du décret du 30 juillet 1883 et dans la circulaire du 31 octobre suivant.

Toutes les affaires de dispenses et d'équivalences de grades continueront, comme par le passé, à m'être soumises; de même les dispenses d'inscriptions cumulatives formées par des étudiants en médecine et en pharmacie. L'article 2 du décret du 30 juillet 1883 prescrit qu'un rapport annuel sur les autorisations prévues par cet article est adressé par chaque doyen et chaque directeur au Recteur, pour être soumis au Ministre. Cette prescription continuera d'être exécutée. Il sera inutile de mentionner dans ce rapport les autorisations de prendre inscription après clôture du registre; mais j'attache une sérieuse importance à être exactement renseigné sur les concessions d'inscriptions cumulatives dans les Facultés de droit. Les grades sont les mêmes pour toute la France; les conditions de la scolarité doivent, en principe, être les mêmes; il serait fâcheux que certaines Facultés eussent à cet égard plus de facilité et d'indulgence que certaines autres. J'ai la confiance qu'elles n'useront du droit que leur confère le décret qu'avec une extrême réserve, et en vue de situations exceptionnelles.

Je rappelle qu'en aucun cas l'étudiant ne peut commencer ses études après le 15 janvier. Je serais forcé d'annuler toute décision contraire à cette règle.

Il n'est rien modifié aux règles énoncées par l'article 27 du décret du 30 juillet 1883 touchant la perte et la péremption des inscriptions. Il n'est rien modifié non plus en ce qui concerne le transfert du dossier d'un étudiant d'une Faculté et d'une École dans une autre; mais les autorisations pour les étudiants ajournés à un examen de changer de Faculté ou d'École seront désormais accordées par le Conseil de la Faculté et de l'École dans laquelle il était inscrit, dans les conditions déterminées par l'article 24 du décret du 30 juillet 1883. De même encore, il sera statué par le Conseil sur les dérogations, prévues pour motifs graves, aux dispositions de l'article 25 du même décret. Dans tous les cas, la transmission des dossiers se fera par les soins de votre administration.

ART. 17. — Le Conseil de la Faculté peut admettre aux séances où est réglé l'emploi des fonds de concours les particuliers et un délégué de chacun des conseils généraux et municipaux qui contribuent par dons ou subventions auxdits fonds de concours.

ART. 18. — Le Conseil se réunit sur la convocation du doyen. Le doyen est tenu de le convoquer sur la demande écrite du tiers des membres. La demande doit énoncer l'objet de la réunion.

Le Conseil nomme son secrétaire et fait son règlement intérieur.

Tout membre du Conseil a le droit d'émettre des vœux sur les

ART. 17. — C'est au Conseil de la Faculté et de l'École qu'il appartiendra de prendre l'initiative des convocations dont il s'agit.

ART. 18. — Le Conseil se réunit sur la convocation du doyen. Le doyen est tenu de le convoquer sur la demande écrite et motivée du tiers des membres. Le Conseil est maître de son règlement intérieur; il nomme son secrétaire, lequel peut être ou un membre du Conseil, ou le secrétaire de la Faculté. Conformément aux règlements en vigueur, le secrétaire de la Faculté questions qui se rattachent à l'ordre auquel appartient la Faculté. Les vœux sont remis en séance, par écrit, au président; il en est donné lecture, et, dans la séance suivante, le Conseil décide s'il y a lieu de délibérer.

Il est tenu procès-verbal des délibérations du Conseil sur un registre coté et parafé par le doyen.

Le recteur peut toujours obtenir communication et copie des procès-verbaux.

est tenu d'assister, à la requête du doyen, au Conseil et l'Assemblée, et de tenir la plume pour la rédaction des procè verbaux.

Ces procès-verbaux devront être tenus sur un registre *ad h*c coté et parafé par le doyen; le procès-verbal de chaque séan sera signé par le président et par le secrétaire. Jusqu'ici be nombre de Facultés ont négligé de tenir procès-verbal de leu délibérations. Il n'en sera plus ainsi désormais, et les Facult comprendront qu'elles ont un sérieux intérêt à avoir des archiv régulières.

Le Conseil de chaque Faculté et de chaque École se trou constitué par le fait de la promulgation du décret du 28 décem bre 1885; il est dès aujourd'hui en possession des attributio qui lui sont conférées.

TITRE III
De l'Assemblée de la Faculté.

Art. 19. — L'Assemblée de la Faculté comprend les professeurs titulaires, les agrégés chargés soit d'un enseignement rétribué sur les fonds du budget, soit de la direction des travaux pratiques, les chargés de cours et maîtres de conférences pourvus du grade de docteur.

Elle délibère sur toutes les questions qui se rapportent à l'enseignement de la Faculté, notamment sur les programmes des cours et conférences, la distribution des enseignements et les cours libres, et sur toutes les questions qui lui sont renvoyées par le Ministre et par le Conseil général des Facultés.

Les chargés des cours et les maîtres de conférences non pourvus du grade de docteur assistent aux séances avec voix consultative.

Art. 19. — Il convient de préciser nettement la compositi de l'Assemblée dans chaque ordre de Facultés et d'Écoles. D'u manière générale, pour en faire partie, il faut justifier du gra requis pour le titulariat et donner un enseignement rétrib sur les fonds du budget, qu'il s'agisse du budget normal alimen par l'État ou par les villes et les départements (Facultés muni pales de droit et de médecine, Écoles de médecine et de pha macie), ou bien du budget sur fonds de concours de la Facul ou École. Dans tout établissement, l'Assemblée comprend de tout d'abord les professeurs titulaires en exercice ou en con et les professeurs adjoints; puis, dans les Facultés de droit, l agrégés ou les docteurs chargés d'un enseignement; dans l Facultés de médecine et dans les Écoles supérieures de pha macie, les agrégés chargés soit d'un enseignement, soit d'u direction de travaux pratiques; dans les Facultés des sciences dans les Facultés des lettres, les chargés de cours, les maît de conférences, pourvus du grade de docteur; dans les Écol supérieures de pharmacie et dans les Facultés mixtes de médeci et de pharmacie, les chargés de cours, non agrégés, pourv soit du doctorat en médecine, soit du doctorat ès sciences, s du diplôme supérieur de pharmacien; dans les Écoles de ple exercice et préparatoires de médecine et de pharmacie, l professeurs suppléants qui prennent part à l'enseignement sont pourvus des grades exigés par l'article 8 du décret 1er août 1883.

Les chargés de cours et les maîtres de conférences n pourvus du grade de docteur doivent être convoqués a séances; ils ont seulement voix consultative. Il en est de mêm dans les Écoles de médecine, des chargés de fonctions de profe seur suppléant, lorsqu'ils prennent part à l'enseignement. Fo aussi partie de l'Assemblée, avec voix délibérative, les profe seurs honoraires. Ils ne participent pas à l'élection des délégu ni à l'élection du doyen; n'y participent pas non plus les me bres de la Faculté ou École qui siègent dans l'Assemblée av voix consultative.

Il n'est pas possible de dresser ici la nomenclature compl de toutes les questions sur lesquelles l'Assemblée délibè D'une manière générale, ce sont toutes les questions qui rapportent à l'enseignement de la Faculté ou de l'École, nota ment les programmes des cours et conférences, la distributi des enseignements et les cours libres. Toutes les questio relatives aux chaires magistrales, telles que déclaration vacances, suppression et transformation de chaires, vœux avis relatifs à la création de chaires nouvelles, mutation de chaires, bien qu'intéressant l'enseignement, doivent être réservées au Conseil de la Faculté. Mais une Assemblée n'excèderait pas ses pouvoirs en demandant la création de nouveaux cours et de nouvelles conférences. C'est encore le Conseil et non pas l'Assemblée qui devra donner son avis sur les moyens d'assurer l'enseignement en cas de congés accordés à des professeurs titulaires. C'est aussi l'avis du Conseil et non pas de l'Assemblée que vous devrez prendre lorsqu'il s'agira de la création de cours et conférences rétribués sur les fonds de concours (art. 3 du décret du 25 juillet 1885).

L'Assemblée de chaque Faculté et École se trouve constituée par la promulgation du présent décret, et elle est dès aujourd'hui en possession des pouvoirs qui lui sont conférés.

ᴀᴛ. 20. — L'Assemblée se réunit et délibère suivant les ᴜes prescrites par l'article 18.

ᴀᴛ. 21. — Toutes les dispositions du présent titre et du ᴊédent sont applicables aux Écoles supérieures de pharmacie; ᴊ le sont également, sauf en ce qui concerne les déclarations ᴠacance des chaires et la présentation aux chaires vacantes, Écoles de plein exercice et préparatoires de médecine et de ᴘmacie.

TITRE IV
Du Doyen.

ᴀᴛ. 22. — Le doyen, placé à la tête de chaque Faculté, est ᴍmé pour trois ans par le Ministre, parmi les professeurs ᴀires, sur une double liste de deux candidats présentée, ᴊ par l'Assemblée de la Faculté, l'autre par le Conseil général Facultés.

ᴊ doyen ne peut être suspendu ou relevé de ses fonctions ᴊ par arrêté motivé du Ministre. Les doyens relevés de leurs tions ne peuvent être présentés de nouveau qu'après un ᴊ de trois ans.

ᴊs doyens en exercice au jour de la promulgation du présent ᴊet resteront en fonctions jusqu'à l'expiration de leur mandat.

ᴀʀᴛ. 22. — Quand il s'agira de pourvoir à la nomination du doyen, une première liste de deux candidats sera dressée par l'Assemblée de la Faculté; puis une seconde liste, également de deux candidats, sera dressée par le Conseil général des Facultés. Afin d'éviter toute interruption dans le décanat, les deux listes de présentation devront m'être adressées un mois avant l'expiration des pouvoirs du doyen. Les présentations se feront à la majorité des suffrages exprimés. En me les transmettant vous y joindrez les procès-verbaux des séances de l'Assemblée et du Conseil général où elles auront eu lieu.

Les candidats présentés doivent être pris parmi les professeurs titulaires. Sur ce point les professeurs adjoints qui sont éligibles au Conseil général ne sauraient être assimilés aux titulaires. Il se peut qu'un professeur adjoint devienne candidat à une chaire magistrale. On ne comprendrait pas que le doyen, qui est le chef de la Faculté, fût, dans ce cas, discuté par ses collègues; il doit n'être inférieur, quant aux prérogatives professorales, à aucun des membres de la Faculté.

L'article 22 n'interdit pas aux doyens sortants d'être présentés de nouveau.

Aux termes du dernier paragraphe de cet article, les doyens en exercice à ce jour resteront en fonctions jusqu'à l'extinction de leur mandat. La raison de cette disposition se trouve dans le mode même suivant lequel les doyens sont présentés à ma nomination. Une des deux présentations est faite par le Conseil général des Facultés, et le Conseil général comprend tous les doyens. Si l'on avait relevé simultanément tous les doyens de leurs pouvoirs, les présentations auraient été faites par des conseils généraux sans doyens, c'est-à-dire fort incomplets. Au contraire, avec la disposition adoptée, les nouvelles nominations de doyens s'échelonneront, et, en outre, l'on évitera les inconvénients toujours inhérents à de pareilles mesures quand elles se font d'ensemble.

Art. 23. — Le Ministre désigne un des deux délégués de la Faculté au Conseil général pour remplir les fonctions d'assesseur.

L'assesseur assiste, s'il a lieu, le doyen, sur sa demande, dans l'exercice de ses fonctions.

Il le supplée en cas d'absence ou d'empêchement et le remplace par intérim en cas de décès, démission, admission à la retraite ou révocation.

Art. 24. — Le doyen représente la Faculté.

Il accepte les dons et legs; il exerce les actions en justice, conformément aux délibérations du Conseil de la Faculté.

Art. 25. — Il préside le Conseil de la Faculté et l'Assemblée, ainsi que les commissions dont il fait partie.

En cas de partage, il a voix prépondérante.

Art. 26. — Il est chargé de l'administration intérieure et de la police de la Faculté;

Il assure l'exécution des délibérations du Conseil et de l'Assemblée;

Il exécute les décisions du Conseil général en ce qui concerne la Faculté;

Il veille à l'observation des lois, règlements et instructions, et à l'exercice régulier des cours, conférences et examens;

Il règle le service des examens;

Il est tenu de porter, sans délai, à la connaissance du recteur toute infraction aux lois et règlements et toute faute commise dans la Faculté.

Art. 27. — Le doyen administre les biens propres de la Faculté;

Il signe les baux et passe les marchés et les adjudications dans les formes prescrites par les lois et règlements, pour les fournitures et les travaux imputables sur les biens propres de la Faculté;

Il prépare les budgets de la Faculté;

Il engage les dépenses conformément aux crédits ouverts aux budgets;

Il ordonnance, par délégation du Ministre de l'instruction publique, les dépenses imputables sur les fonds de concours, conformément aux délibérations du Conseil de la Faculté;

Il présente chaque année deux comptes d'administration, l'un pour le budget ordinaire, l'autre pour le budget sur fonds de concours.

Art. 28. — Par délégation du Ministre, le doyen nomme et révoque les appariteurs, gens de service et, sur la proposition des professeurs intéressés, les garçons de laboratoire de la Faculté. Pour les services communs, ces agents sont nommés par le Recteur.

Art. 29. — Chaque année, le doyen présente au Conseil général des Facultés un rapport sur la situation de la Faculté et les améliorations qui peuvent y être introduites.

Pour beaucoup de doyens actuellement en exercice, la d du mandat a été limitée; le jour où cesseraient leurs pouv est ainsi déterminé. D'autres au contraire ont été nommés durée limitée; on déterminera la date de l'expiration de l pouvoirs en calculant par périodes triennales et quinquenn suivant les ordres de Facultés, à dater du jour de leur n nation.

Art. 23. — Cet article est relatif à l'assesseur. Son mod nomination et ses attributions sont nettement détermi L'assesseur tiendra à la fois ses pouvoirs de ses collègues e Ministre, puisqu'il sera l'un des deux délégués élus par l'Ass blée au Conseil général des Facultés et qu'il sera désigné pa Ministre. Comme son nom l'indique, il est l'assistant du do il le supplée en cas d'absence et le remplace par intérim. pouvoirs auront la même durée que sa délégation au Co général.

Les articles 24, 25, 26, 27, 28 et 29 sont relatifs aux attr tions des doyens. Il est inutile d'insister ici sur celles de attributions qu'ils tenaient des anciens règlements et q croit devoir rappeler dans un document qu'on s'est efforce faire aussi complet que possible. Pour les attributions velles, celles qui découlent de la personnalité civile de Faculté et qui sont relatives à l'administration et à la gestion biens propres de la Faculté, ont été l'objet de récentes inst tions. Il suffira de se reporter à la circulaire du 5 décem dernier. J'ajouterai seulement que les baux, marchés et ad cations pour fournitures et travaux imputables, non sur les b propres de la Faculté, mais sur les fonds de l'État, demeu soumis aux prescriptions des règlements antérieurs au décre 28 décembre, et qui ne peuvent être passés par le doyen.

Le quatrième paragraphe de l'article 27 est ainsi conçu : « doyen engage les dépenses conformément aux crédits ouv aux budgets ». C'est une conséquence de la responsabilité ad nistrative du doyen. Il ne faudrait pas que dans chaque ser les dépenses fussent engagées à l'insu du doyen; on en viend vite à dépasser les crédits ouverts. Il importe à une bonne co tabilité de la Faculté qu'il soit tenu, sinon jour par jour, moins mois par mois, un compte exact des dépenses engag dans les divers services.

L'article 28 transfère du Ministre aux doyens la nomina et la révocation des appariteurs, gens de service et garçons laboratoire. Ces nominations étant faites par délégation Ministre, les agents qui en seront l'objet pourront être adm verser la retenue en vue de la retraite. Je laisse aux doyen soin d'apprécier les cas dans lesquels, au lieu d'une no nation proprement dite, il suffira de pourvoir ces agents d simple délégation. Il ne faut pas multiplier sans nécessit nombre des fonctionnaires, et parfois l'intérêt du ser exige de fréquents changements dans le personnel des ag subalternes. On hésite à remplacer un garçon de laborato parce qu'il a subi la retenue; on hésiterait moins sans cela le service gagnerait, en plus d'une circonstance, à ce que agents ne se sentissent pas protégés par une sorte d'immu de fonctionnaire. Les traitements des appariteurs, gens service, etc., continueront d'être fixés par arrêté ministé Avis devra donc m'être immédiatement donné des arrêtés lesquels ils auraient été nommés ou délégués (3e bureau l'enseignement supérieur) avec la date de l'entrée en foncti et les doyens veilleront à ce que les minutes de ces arr soient rigoureusement classées dans les archives de la Faculté. Aucune création d'emploi ne pourra être faite que par une décision ministérielle.

Les garçons de laboratoire seront nommés sur la présentation des professeurs intéressés. Les agents nécessaires aux services communs, tels que garçons de bibliothèque, gens de services et concierges affectés à plusieurs Facultés et Écoles, seront nommés par vous.

ART. 30. — Le doyen peut être dispensé par le Ministre de tout ou partie des examens.

ART. 30. — Le doyen peut être dispensé de tout ou partie des examens, sans avoir à abandonner rien de son traitement. Cette dispense sera accordée, sur la proposition du Recteur, dans les Facultés où les charges cumulées de l'administration, de l'enseignement et des examens paraîtraient excessives.

ART. 31. — Toutes les dispositions du présent titre sont applicables aux directeurs des Écoles supérieures de pharmacie.

Les dispositions des articles 24, 25, 26, 27 et 28 sont applicables aux directeurs des Écoles de plein exercice et préparatoires de médecine et de pharmacie.

TITRE V
Des Professeurs et de l'Enseignement.

ART. 32. — L'enseignement est donné dans les Facultés et dans les écoles supérieures de pharmacie par des professeurs titulaires, des professeurs adjoints, des chargés de cours et des maîtres de conférences.

ART. 33. — Les professeurs titulaires sont nommés dans les formes prescrites par les décrets du 9 mars 1852, du 22 août 1854 et par la loi du 27 février 1880.

Les demandes de mutations de chaire dans une même Faculté sont soumises à l'avis du Conseil de la Faculté et de la Section permanente du Conseil supérieur de l'instruction publique.

Sont également soumises aux Conseils des Facultés intéressées et de la Section permanente les demandes de permutation ou de transfert d'une Faculté à une autre.

Les titulaires des chaires nouvelles sont nommés directement, sans présentation, sur le rapport motivé du Ministre.

ART. 33. — Rien n'est changé et ne pouvait être changé par un décret au mode de nomination des professeurs titulaires. Seulement les mutations de chaires dans une même Faculté, les permutations et les transferts d'une Faculté à une autre, qui équivalent à des nominations nouvelles, seront désormais soumis à l'avis des Facultés intéressées et de la Section permanente. Les demandes de mutation dans une même Faculté vous seront adressées et c'est vous qui saisirez le Conseil de la Faculté. Les demandes de permutation et de transfert d'une Faculté à une autre devront m'être soumises, et je saisirai les Facultés compétentes. Dans tous les cas, quand le Conseil aura délibéré, procès-verbal de la délibération me sera transmis par vos soins, pour être communiqué à la Section permanente.

ART. 34. — Nul professeur titulaire ne peut être déplacé d'office, pour un emploi équivalent, qu'après avis conforme de la Section permanente du Conseil supérieur de l'instruction publique et après avoir été entendu par elle.

ART. 35. — Les professeurs titulaires peuvent obtenir des congés renouvelables pendant cinq années consécutives au plus, pour cause de maladie ou à raison d'une délégation temporaire dans un service public étranger à l'instruction publique.

Ils conservent, dans le premier cas, la moitié de leur traitement, et dans le second, lorsque le service public dont ils sont chargés n'est pas valable pour la retraite, ils reçoivent un traitement d'inactivité de cent francs.

Les professeurs titulaires peuvent, après avis du Conseil de la Faculté ou École, être dispensés des examens. Ils abandonnent, dans ce cas, le quart de leur traitement. Cette dispense ne peut être accordée que dans le cas où le service de la Faculté ne doit pas en être compromis et seulement au sixième des professeurs titulaires.

ART. 35. — Le sens des diverses dispositions de cet article est clair. Les professeurs titulaires pourront obtenir des congés pour cause de maladie ou à raison d'un service public étranger à l'instruction publique. Ces congés, sauf les cas imprévus, seront d'une année ; ils pourront être renouvelés cinq années consécutives sans excéder ce total. Les professeurs mis en congé pour raison de santé conserveront la moitié de leur traitement ; ceux dont le congé aura été motivé par un service public étranger à l'instruction publique recevront un traitement d'inactivité de 100 fr., dans le cas où le service dont ils seraient chargés ne leur créerait pas de droits à la retraite. Je pourrai aussi nommer ou déléguer à d'autres fonctions ressortissant à l'instruction publique des professeurs titulaires, sans qu'ils soient forcés d'abandonner leurs chaires ; je leur accorderai des

Les professeurs titulaires délégués ou nommés à d'autres fonctions dans l'instruction publique peuvent obtenir des congés et conserver tout ou partie de la portion de leur traitement de titulaire qui n'est pas appliquée à subvenir aux besoins de l'enseignement créés par leur absence.

congés renouvelables, et fixerai par décisions spéciales, suivant les espèces, la portion de leur traitement de titulaire qu'ils seront autorisés à conserver.

D'une manière générale, il importe à la marche régulière de l'enseignement que, sauf les cas imprévus, les demandes de congé me parviennent autant que possible à la fin de l'année scolaire.

Le troisième paragraphe de l'article 35 dispose que les professeurs titulaires peuvent, après avis du Conseil de la Faculté ou École, être dispensés des examens. Leurs demandes devront être adressées au doyen, qui en saisira directement le Conseil. Le procès-verbal de la délibération me sera ensuite transmis par vos soins, mais dans les cas seulement où l'avis du conseil serait favorable à la dispense. La dispense ne pourra être accordée que par décision ministérielle et que pour l'année entière. Les professeurs dispensés des examens abandonneront, non plus, comme l'avait décidé le décret du 20 août 1881, une portion de leur traitement égale à la moitié d'un traitement de chargé de cours, mais seulement le quart de leur traitement. La réduction portera sur l'année entière. La disposition du décret précité, en vertu de laquelle un professeur pouvait se faire suppléer dans l'enseignement en continuant de prendre part aux examens, est et demeure abrogée.

Les professeurs titulaires investis d'un mandat législatif continuent de pouvoir obtenir des congés renouvelables pendant la durée entière de leur mandat. Toutes les questions relatives à leur traitement continuent d'être réglées par les dispositions des lois en vigueur.

ART. 36. — Les suppléances sont supprimées. Quand les congés accordés à des professeurs titulaires l'exigent, il est pourvu, après avis du Conseil de la Faculté ou École, aux besoins de l'enseignement au moyen de cours ou de conférences renouvelables chaque année.

ART. 37. — Lorsqu'une chaire devient sans titulaire, par suite de décès, démission, admission à la retraite ou révocation, il est pourvu, jusqu'à la nomination d'un nouveau titulaire, aux besoins de l'enseignement au moyen de cours ou de conférences renouvelables chaque année.

ART. 36 et 37. — Les suppléances sont supprimées. En cas de congé d'un professeur titulaire, en cas de vacance d'une chaire, il est pourvu aux besoins de l'enseignement, jusqu'à l'expiration du congé ou jusqu'à la nomination d'un nouveau titulaire, au moyen de cours et de conférences renouvelables, s'il y a lieu, d'année en année. Pour chaque cas particulier, le Conseil de la Faculté ou de l'École devra donner son avis sur la meilleure façon de pourvoir aux besoins de l'enseignement. Aucune règle fixe n'est à tracer ici : parfois l'absence temporaire d'un professeur pourra ne pas exiger un nouvel enseignement; parfois un professeur titulaire pourra, pour le plus grand bien des études, être chargé de l'enseignement d'un collègue absent, et c'est alors à son propre enseignement qu'il faudra pourvoir; dans d'autres cas, il suffira de donner une conférence de plus aux maîtres de conférences existant déjà dans la Faculté, sans créer de nouvel emploi; dans d'autres cas enfin, de nouveaux emplois seront nécessaires. Les Conseils des Facultés s'inspireront dans leurs avis des circonstances et du bien des études. D'une manière générale, elles comprendront, j'en ai l'espoir, qu'un des meilleurs effets des mesures prescrites par les articles 36 et 37 serait d'appeler le plus grand nombre possible de jeunes docteurs à faire successivement leurs preuves sans créer à aucun d'eux une situation privilégiée.

Les suppléants actuellement en exercice resteront en fonctions jusqu'au 1er novembre prochain.

ART. 38. — Les titres des candidats aux fonctions de chargé de cours et de maître de conférences sont soumis à l'examen du Comité consultatif de l'enseignement public (1re section).

Dans les Facultés de droit et de médecine, les cours et conférences sont confiés aux agrégés.

ART. 38. — Les titres des candidats aux fonctions de chargé de cours et de maître de conférences sont soumis à l'examen des différentes sections du Comité consultatif de l'enseignement supérieur. Les candidats aux fonctions dont il s'agit devront m'adresser leurs demandes par votre intermédiaire; ils y join-

Art. 39. — Les professeurs titulaires ne peuvent être admis à la retraite, avant l'âge de soixante-dix ans, que sur leur demande ou en cas d'impossibilité constatée de remplir leurs fonctions.

Les titulaires âgés de soixante-dix ans peuvent être maintenus en exercice, hors cadre, après avis de la Section permanente du Conseil supérieur de l'instruction publique.

La chaire qu'ils occupaient peut être déclarée vacante après avis de la Section permanente, qui apprécie les conséquences d'ordre scientifique qui peuvent résulter de cette mesure.

Ils conservent la totalité de leur traitement, s'ils continuent de prendre part à l'enseignement et aux examens ; ils en conservent les trois quarts, s'ils participent seulement à l'enseignement.

Les dispositions qui précèdent ne sont applicables aux professeurs membres de l'Institut qu'à l'âge de soixante-quinze ans.

Art. 40. — Le titre de professeur adjoint peut être donné, par décret, sur la proposition du Conseil de la Faculté et après avis de la Section permanente du Conseil supérieur de l'instruction publique, aux chargés de cours et maîtres de conférences, pourvus du grade de docteur, qui se sont distingués par leurs services.

Les professeurs adjoints sont assimilés, sauf pour les traitements et la présentation aux chaires vacantes, aux professeurs titulaires. Leur nombre ne peut excéder, dans chaque Faculté, le sixième des chaires magistrales.

Art. 41. — Le titre de professeur honoraire peut être conféré aux professeurs titulaires admis à faire valoir leurs droits à la retraite.

dront et vous y joindrez tous les renseignements de nature à éclairer le Comité. Je me ferai une règle absolue de ne choisir les maîtres de conférences et les chargés de cours que parmi les candidats proposés par le Comité consultatif. Dans les Facultés de droit et de médecine et dans les Écoles de pharmacie, les cours et conférences sont confiés aux agrégés.

Art. 39. — Cet article a trait à l'admission à la retraite. Elle ne pourra être prononcée, avant l'âge de soixante-dix ans, que sur la demande des intéressés ou en cas d'impossibilité constatée de remplir leurs fonctions. *Quand un professeur atteindra l'âge de la retraite au cours d'une année scolaire, il continuera de rester en fonctions jusqu'à la fin de cette année.*

Une disposition fort importante de cet article est celle qui me permet de maintenir en exercice, après avis de la Section permanente, les professeurs âgés de soixante-dix ans desquels on peut attendre encore des services signalés. Ils seront maintenus *hors cadre*, avec le traitement de la classe à laquelle ils appartiennent ; de la sorte, leur maintien n'aura pas pour effet d'arrêter les promotions des collègues inscrits après eux sur le tableau d'ancienneté. Le nombre des professeurs qui pourront être ainsi maintenus en exercice à l'âge de la retraite sera nécessairement subordonné aux ressources dont je disposerai.

Les chaires des professeurs maintenus en exercice pourront être déclarées vacantes, après avis de la Section permanente. Les déclarations de vacances sont subordonnées à des conditions d'espèce différente, d'abord à des conditions d'ordre financier, et aussi à des conditions d'ordre scientifique. Il n'en va pas de même pour une chaire de clinique, ou pour une chaire de sciences expérimentales, lesquelles requièrent un service hospitalier et des laboratoires, et pour une chaire de mathématiques, de philosophie, de littérature ou d'histoire. Là encore, il est impossible de tracer d'avance une règle fixe. Le Ministre et la Section permanente auront à prendre parti suivant les cas, le Ministre plus particulièrement d'après les circonstances d'ordre financier, la Section plus spécialement d'après les circonstances d'ordre scientifique.

Le Conseil supérieur a décidé que les dispositions de l'article 39 ne seraient appliquées aux professeurs membres de l'Institut qu'à l'âge de soixante-quinze ans.

Art. 40. — Les professeurs adjoints créés par cet article seront des maîtres de conférences, des chargés de cours et d'anciens suppléants auxquels la Faculté, en retour de services distingués, aura proposé de donner droit de cité dans son conseil. Leur situation, au point de vue de l'enseignement, ne sera pas modifiée ; seulement leur nomination de professeurs adjoints les mettra, sauf les exceptions prévues, sur le pied des titulaires. Comme les titulaires, ils seront membres du Conseil ; ils seront éligibles au Conseil général des Facultés ; ils ne pourront encourir de peines disciplinaires que dans les formes prévues par les lois et règlements pour les titulaires ; ils prendront rang dans le Conseil à dater du jour de leur nomination ; les années de service leur seront comptées entières, pour l'ancienneté, à dater du même jour.

Les Conseils des Facultés remarqueront que c'est sur leur proposition que les titres de professeurs adjoints seront conférés, après avis de la Section permanente.

Les professeurs honoraires figurent sur l'affiche de la Faculté et sont convoqués aux cérémonies.

Ils peuvent assister aux séances de l'Assemblée de la Faculté et ont voix délibérative, sauf pour l'élection des délégués au Conseil général et pour la présentation du doyen.

Art. 42. — Les agrégés des Facultés de droit et de médecine et des Écoles supérieures de pharmacie continuent à être nommés après concours, conformément aux statuts spéciaux de chaque ordre d'agrégation.

Art. 43. — Les cours commencent le 3 novembre et finissent le 31 juillet.

Ils vaquent une semaine à l'occasion du jour de l'an, la semaine qui précède et la semaine qui suit le jour de Pâques, et les jours de fêtes légales.

Les autorisations d'absence sont données par le recteur lorsqu'elles ne dépassent pas quinze jours.

Art. 44. — En cas de désordre, un cours ne peut être suspendu par le recteur qu'après avis du Conseil général des Facultés. Il en est référé immédiatement au Ministre.

Une Faculté ou École ne peut être fermée temporairement, en cas de désordre grave, que par décision ministérielle. Pendant la durée de la fermeture, tous les actes relatifs aux études et aux examens sont suspendus, et les étudiants ne peuvent prendre d'inscriptions ni subir d'examens dans aucune autre Faculté ou École.

Art. 45. — Des règlements spéciaux détermineront les nouvelles facilités d'études qui doivent être assurées aux étudiants en vertu du présent décret.

Art. 45. — Aussitôt que les Conseils généraux auront été constitués, je les consulterai sur la question de savoir quelles sont les mesures les plus propres à assurer l'exécution de cet article. Les nouvelles facilités d'études qui devront résulter pour les étudiants du présent décret, sont en effet une conséquence du rapprochement des Facultés, et c'est évidemment aux Conseils généraux des Facultés qu'il appartient de se prononcer à cet égard. Toutefois, je crois devoir, sans tarder davantage, soumettre aux réflexions des Facultés des sciences et des Facultés des lettres les considérations suivantes. Dans certains centres un assez grand nombre d'étudiants des Facultés de médecine et de droit se sont fait inscrire en même temps dans les Facultés des sciences et dans les Facultés des lettres. C'est là l'indice d'une tendance dont nous devons nous réjouir, et qu'il est de notre devoir à tous de favoriser par tous les moyens possibles.

Or, il faut bien reconnaître que, parmi les étudiants qui viennent chercher dans les Facultés des sciences et des lettres un complément d'études désintéressées, assez peu pourront parvenir soit à une licence ès sciences, soit à une licence ès lettres. Ce sont là d'ailleurs des grades professionnels qui ont par suite des exigences invincibles, de nature à rebuter beaucoup des étudiants bénévoles de nos Facultés des sciences et des lettres. Tels seraient heureux de suivre régulièrement les cours d'histoire, ou les cours de philosophie, ou les cours de zoologie, qui ne s'astreindront pas au thème grec, à la métrique ou à la minéralogie. Il ne faut pas mettre à la gêne le bon vouloir et le désir d'apprendre. On avait pensé naguère à créer une sorte de licence allégée pour les étudiants dont je parle : l'idée n'a pas trouvé faveur auprès de la grande majorité des Facultés. Mais peut-être les Facultés des sciences et des lettres croiront-elles devoir user de la nouvelle indépendance qui leur est donnée, pour créer elles-mêmes des *certificats d'études* qu'elles délivreraient, dans des formes déterminées par elles, aux étudiants qui auraient suivi avec assiduité telle ou telle série de cours, de conférences et d'exercices. Ce ne seraient pas là de nouveaux grades d'État; ce seraient simplement des grades académiques, qui tireraient toute leur valeur de la Faculté qui les décernerait. Si je ne m'abuse, bien des avantages pourraient résulter d'une telle institution.

ART. 46. — Sont abrogées toutes les dispositions antérieures contraires au présent décret.

ART. 47. — Le Ministre de l'Instruction publique, des Beaux-arts et des Cultes est chargé de l'exécution du présent décret, qui sera inséré au *Journal officiel* et au *Bulletin des lois.*

Fait à Paris, le 28 décembre 1885.

JULES GRÉVY.

Par le Président de la République :

Le Ministre de l'Instruction publique, des Beaux-Arts et des Cultes,

RENÉ GOBLET.

Telles sont, Monsieur le Recteur, les instructions essentielles que j'ai cru nécessaires de rédiger pour l'application du décret du 28 décembre 1885. Je n'ai certainement pas prévu tous les cas particuliers qui pourront se présenter dans la pratique. Eussé-je pu le faire, je ne l'aurais pas fait. Le principe du décret est la liberté; il est bien des questions de détail que les corps qu'il constitue devront résoudre eux-mêmes librement, en s'inspirant de l'esprit général de ce décret.

Recevez, Monsieur le Recteur, l'assurance de ma considération très distinguée.

Le Ministre de l'Instruction publique, des Beaux-Arts et des Cultes,

RENÉ GOBLET.

Bordeaux. — Imp. G. GOUNOUILHOU, rue Guiraude, 11.

www.ingramcontent.com/pod-product-compliance
Lightning Source LLC
Chambersburg PA
CBHW060719280326
41933CB00012B/2494